NARUTO
NINJA ARENA
RÈGLES DU JEU

ROLL & CLASH

Kaedama

DON'T PANIC GAMES

VOICI VENU LE MOMENT DES ÉPREUVES DU CHÛNIN !

Naruto, Sasuke, Sakura et Shikamaru vont avoir une occasion unique de s'affronter et de s'entraîner pour maîtriser leurs TECHNIQUES et POUVOIRS spéciaux. Les jeunes ninjas vont utiliser au mieux leurs compétences pour essayer de vaincre leurs rivaux en infligeant des DÉGÂTS qui s'accumuleront pour donner des BLESSURES, des K.O. et même pire, une élimination.

Le dernier ninja debout l'emporte !

CRÉDITS

Un jeu de la team **KAEDAMA**
(Antoine Bauza, Corentin Lebrat, Ludovic Maublanc, Théo Rivière)

Édité par **DON'T PANIC GAMES**

Président : Cedric Littardi
Directeur éditorial et artistique : Sébastien Rost
Chef de projet : Ghislain Masson
Conception graphique : Vincent Diez
Traduction : Nicolas Lion
Correction : Sarah Touzeau
Fabrication : Nicolas Aubry (SYNERGY GAMES)
38 rue Notre-Dame-de-Nazareth, 75003 Paris, France

www.dontpanicgames.com

LE SYSTÈME ROLL & CLASH

Naruto : Ninja Arena est le premier jeu qui utilise le système Roll & Clash.
Pendant la partie, vous lancez vos dés aussi vite que possible et activez des techniques en utilisant les résultats sans interrompre le jeu. Tout le monde joue en même temps dans une bataille frénétique où il faut être le dernier ninja debout !

CONTENU

En plus de ce livret de règles, voici ce que vous trouverez dans les boîtes de *Ninja Arena* :

BOÎTE DE BASE :

- 4 plateaux Ninja double face
- 4 tuiles Pouvoir double face (une pour chaque ninja)
- 1 grande tuile Uzumaki
- 4 dés noir & blanc et 16 dés colorés
- 40 pions de dégâts
- 1 jeton des ombres de Shikamaru
- 4 cubes de blessure

GENIN PACK :

- 6 plateaux Ninja double face
- 6 tuiles Pouvoir double face (une pour chaque ninja)
- 1 tuile éventail de Temari
- 2 dés noir & blanc et 8 dés colorés
- 20 pions de dégâts
- 2 cubes de blessure

MISE EN PLACE

Chaque joueur choisit un plateau Ninja et sa tuile Pouvoir correspondante et le place devant lui. Le plateau Ninja est posé face personnage (avec son nom), la tuile Pouvoir en dessous, face inactive.
Il s'agit du ninja que vous jouerez pendant la partie.

Chaque joueur prend 1 dé noir & blanc et 4 dés colorés.

La tuile Uzumaki est placée au centre de l'aire de jeu, à portée de tout le monde.

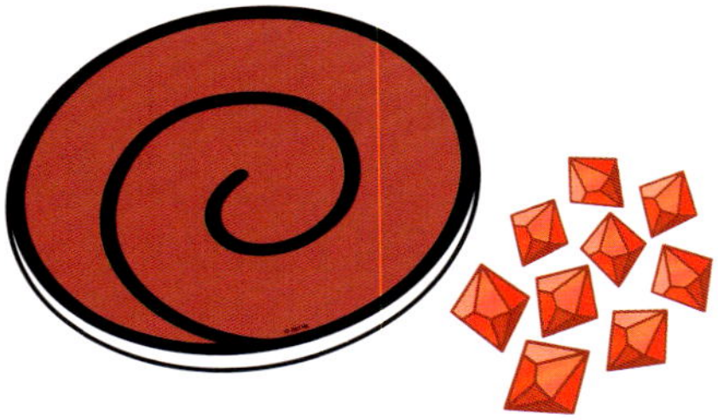

Formez une pile de pions de dégâts et placez-la de façon à ce que tout le monde puisse les attraper.

Un cube de blessure est placé dans l'emplacement le plus à gauche en haut du plateau Ninja (près du symbole cœur ♥).

DÉROULEMENT DE LA PARTIE

Dans *Naruto : Ninja Arena*, tout le monde joue en même temps sans attendre son tour. Les joueurs prennent leurs 5 dés (1 noir & blanc, 4 colorés) et les lancent en même temps pour être le premier à obtenir les faces demandées par l'une de ses techniques.

À chaque lancer, les joueurs peuvent lancer tout ou une partie de leurs dés, et aussi souvent que nécessaire. Ils peuvent mettre des dés sur leur plateau Ninja afin de mieux identifier quelles faces manquent pour activer une technique.

Quand un joueur est en position d'activer une technique grâce à ses dés, il doit placer les dés correspondants sur la technique utilisée et distribuer les pions de dégâts devant le plateau des joueurs visés.

Pendant ce temps, les autres joueurs continuent de lancer leur dés !

Une fois que la technique est résolue, le joueur peut reprendre ses dés et continuer de les lancer jusqu'à obtenir une nouvelle technique ou jusqu'à ce que quelqu'un active son Pouvoir.

RÈGLE SPÉCIALE :

Le symbole de spirale sur le dé noir & blanc est un joker et peut remplacer n'importe quelle face de dé (noir & blanc ou coloré).

LA TUILE POUVOIR :

La 3e technique de chaque ninja est appelée Pouvoir et elle fonctionne différemment des autres techniques, d'où sa présence sur une tuile.

Une fois qu'un joueur obtient les 5 symboles correspondant à sa tuile Pouvoir, il doit frapper la tuile Uzumaki au centre de la table avec sa main.

Tous les autres joueurs doivent alors interrompre ce qu'ils faisaient et frapper à leur tour la tuile Uzumaki . Le jeu est alors mis en pause pour résoudre les 3 étapes suivantes :

1. DÉGÂTS :

Celui qui a frappé la tuile Uzumaki en dernier prend 2 pions de dégâts supplémentaires.

Exemple : Cela n'arrive pas très souvent, mais cette fois Sasuke a été trop lent et a réagi en dernier. Il ajoute 2 pions de dégâts aux 10 qu'il avait déjà reçus pendant ce tour.

2. DISTRIBUTION DES BLESSURES :

Chaque joueur (à l'exception de celui qui a activé sa tuile Pouvoir) prend des blessures en fonction des pions de dégâts placés devant lui.
Chaque fois qu'un joueur prend autant de dégâts que le niveau de blessure indiqué par le marqueur sur son plateau Ninja, il décale son cube de blessure d'un cran vers la droite et enlève les pions de dégâts correspondants. S'il reste des dégâts, il répète l'opération. S'il n'y en a pas assez, ces pions de dégâts sont défaussés.

Exemple : Sasuke a 13 pions de dégâts devant lui et doit donc déplacer son cube sur la troisième blessure de son plateau Ninja (6+6=12). Il défausse ensuite ses pions de dégâts (y compris le 13e qui n'a pas causé de blessures).

3. POUVOIR :

Le joueur qui a activé sa tuile Pouvoir la retourne. Son effet est maintenant disponible. Toutes les autres tuiles Pouvoir sont retournées sur leur face inactive.
Une fois que ces 3 étapes ont été résolues, chaque joueur récupère ses 5 dés dans sa main.

Le jeu peut reprendre normalement : tout le monde lance ses dés simultanément et essaye d'activer ses techniques en lançant et relançant ses dés jusqu'à ce qu'une tuile Pouvoir soit à nouveau activée.

Si pendant l'étape de distribution des blessures, un joueur décale son cube de blessure sur le dernier espace de son plateau Ninja, son personnage est K.O. Il retourne son plateau Ninja et continue de jouer, cette fois pour essayer de reprendre connaissance.

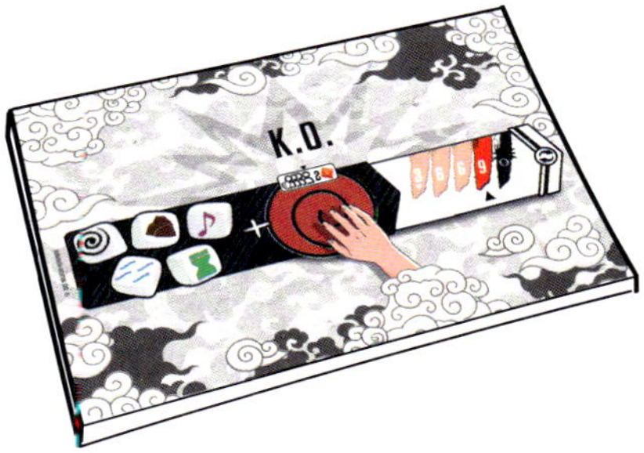

Chaque ninja ne peut reprendre connaissance qu'une seule fois par partie. Si un ninja est K.O. à nouveau après avoir repris connaissance, il est éliminé de la partie.

Pour reprendre connaissance, il faut lancer les dés en même temps que les autres joueurs et essayer d'obtenir la combinaison indiquée sur le verso du plateau Ninja. En cas de succès, le joueur doit frapper de la main la tuile Uzumaki au centre de l'aire de jeu. Tous les autres doivent alors cesser ce qu'ils faisaient et frapper à leur tour la tuile Uzumaki. Le jeu est alors mis en pause et on résout les 2 étapes suivantes :

1. Le dernier joueur à avoir frappé la tuile Uzumaki prend 2 pions de dégâts supplémentaires.
2. Le joueur qui a réussi à faire sa combinaison de reprise de connaissance retourne son plateau Ninja et place son cube de blessure sur la dernière blessure.

ATTENTION : Si un plateau Ninja est sur sa face K.O., les autres joueurs ne peuvent pas lui distribuer de pions de dégâts. Cependant, si un joueur K.O. frappe la tuile Uzumaki en dernier, il est éliminé du jeu.

De même, si quelqu'un fait une erreur (comme frapper la tuile Uzumaki, activer une technique sans les dés correspondants, etc.), il prend immédiatement une blessure.

Quand votre Pouvoir est activé, vous pouvez toujours le réactiver et donc éviter de reprendre des blessures pour ce tour !

FIN DE LA PARTIE

La partie s'arrête quand tous les joueurs sauf un sont K.O. ou éliminés.
Le dernier ninja debout l'emporte !

LE MODE DUEL

Pour obtenir des parties plus palpitantes à 2 joueurs, nous vous recommandons d'utiliser cette variante.

Lors d'une partie à 2 joueurs, chaque joueur prend 2 ninjas (donc 2 plateaux et leurs tuiles Pouvoir correspondantes).

Il place les deux plateaux l'un sur l'autre en laissant apparaître seulement la première technique de celui du dessous. Il place un cube de blessure sur chacun des plateaux Ninja.

Il prend ensuite la tuile Pouvoir du plateau du dessus comme dans le jeu à plus de 2 joueurs (le Pouvoir du plateau Ninja du dessous est placé sur le côté pour le moment).

Lors des lancers de dés, le jeu se déroule comme avec plus de joueurs, mais avec une technique additionnelle pour chaque ninja.

Lorsqu'un joueur active son Pouvoir, après la distribution des blessures, son adversaire a la possibilité de changer de ninja actif. Il inverse donc ses plateaux, mettant dessous celui qui était dessus, toujours en laissant la première technique visible. De même, il remplace la tuile Pouvoir du premier ninja par celle du second.

Dans ce mode de jeu, il n'y a pas de K.O.
Dès que l'un des deux ninjas d'un joueur est censé être K.O., il a perdu la partie !

POUVOIRS DE NARUTO

MULTI CLONAGE

Distribuez 3 pions de dégâts à un de vos voisins.

FÛTON : L'ORBE TOURBILLONNANT

Distribuez 2 pions de dégâts à un joueur OU 5 à un joueur qui n'a pas de pion de dégâts.

INVOCATION : GAMABUNTA

Ajoutez 1 pion de dégâts à toutes vos attaques. Prenez ce pion parmi ceux devant votre plateau.

POUVOIRS DE SAKURA

PERMUTATION

Distribuez 1 pion de dégâts à un joueur ET enlevez 2 pions de dégâts parmi ceux devant votre plateau.

DÉDOUBLEMENT

Distribuez 4 pions de dégâts à un joueur.

CONTRÔLE DU CHAKRA

Il faut 10 pions de dégâts pour vous blesser.

POUVOIRS DE SASUKE

2

LA FUREUR DU LION

Distribuez 2 pions de dégâts à un joueur.

6 | 1 8

RAITON : LES MILLE OISEAUX

Répartissez 6 pions de dégâts entre les autres joueurs ET ajoutez 1 pion de dégâts devant votre plateau.

+2

MARQUE MAUDITE D'OROCHIMARU

Ajoutez 2 pions de dégâts à toutes vos attaques

POUVOIRS DE SHIKAMARU

2

MANIPULATION DES OMBRES

Distribuez 2 pions de dégâts à un joueur ET placez votre jeton des ombres sur la tuile Uzumaki .

3 3, 2, 1, 0...

L'ENTRELACEMENT DES OMBRES

Distribuez 3 pions de dégâts à un joueur. Il doit compter jusqu'à 3 avant de pouvoir retoucher ses dés.

? ? ? ? → 3

DÉVERSER DU CHAKRA

Distribuez 3 pions de dégâts à un joueur à chaque fois que vous obtenez au moins un lors d'un lancer de dés.

LE JETON DES OMBRES : Si ce jeton est placé sur la tuile Uzumaki , le premier joueur à frapper cette tuile prend 3 pions de dégâts . Le jeton retourne alors devant Shikamaru. Shikamaru ne prend pas de dégâts par ce jeton.

PERSONNAGES DE L'EXTENSION

POUVOIRS DE ROCK LEE

POING FORT

Distribuez 1, 3 ou 5 pion(s) de dégâts à un adversaire (en fonction de vos faces de dés).

TORNADE DE KONOHA

Distribuez 2 pions de dégâts à chacun de vos voisins.

LA PORTE INITIALE

Placez 7 pions de dégâts sur votre tuile Pouvoir. Ajoutez 1 pion de dégâts à vos attaques, pris sur cette tuile tant qu'il y en a. Si vous perdez votre Pouvoir, les dégâts restants sur cette tuile vont devant vous.

POUVOIRS DE TENTEN

LES DRAGONS JUMEAUX

Répartissez 3 pions de dégâts parmi les autres joueurs.

PUISSANCE DES ARMES CÉLESTES

Distribuez 2 pions de dégâts à tous les joueurs. Si un joueur a son Pouvoir activé, ajoutez 2 pions de dégâts.

LA DÉFLAGRATION DU DRAGON DE FEU

Quand vous perdez votre Pouvoir, distribuez 4 pions de dégâts à chacun de vos voisins.

POUVOIRS DE HINATA

POING SOUPLE

Distribuez 2 pions de dégâts à un joueur ET enlevez 1 pion de dégâts qui était devant vous.

LES 64 POINGS DU HAKKE

Répartissez 5 pions de dégâts parmi les autres joueurs (minimum 1 par joueur).

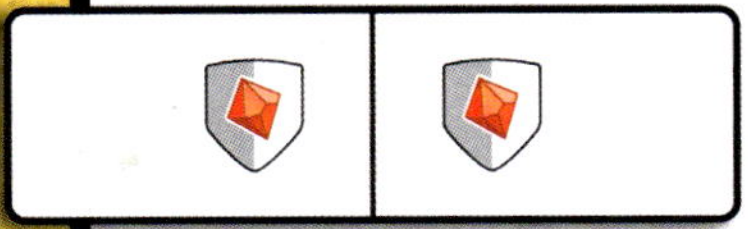

BYAKUGAN

Annulez les 2 prochaines attaques contre vous.

POUVOIRS DE KIBA

LA DANSE DU CHIEN

Distribuez 2 pions de dégâts à l'un de vos voisins ET 1 pion de dégâts à l'autre.

LES CROCS LACÉRANTS

Distribuez 2 pions de dégâts à un joueur ET ajoutez 2 pions de dégâts pour chacune de vos blessures.

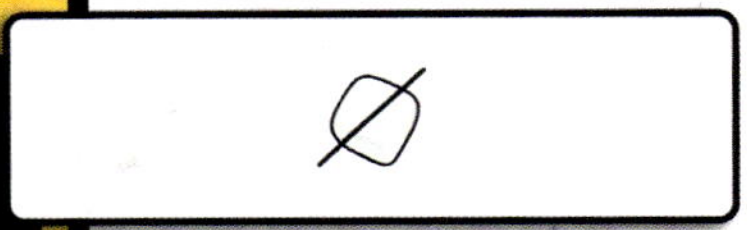

AKAMARU

Vous pouvez ignorer un dé pour compléter une technique.

POUVOIRS DE TEMARI

LA TRANCHEUSE DE VENT

Distribuez 1 pion de dégâts à un joueur et activez votre tuile éventail.

LE GRAND OUVRAGE DU DRAGON

Distribuez 2 pions de dégâts à chacun de vos voisins

INVOCATION : LA DANSE DU FAUCHEUR

Vous pouvez convertir chaque dé en un autre dé de votre choix.

LA TUILE ÉVENTAIL :

Quand cette technique est activée, placez votre tuile éventail devant votre plateau Ninja et placez 3 pions de dégâts dessus.

À chaque fois qu'un joueur distribue des dégâts à Temari, distribuez 1 des pions présents sur l'éventail à l'attaquant.

Quand l'éventail est vide, le Pouvoir est désactivé et la tuile enlevée jusqu'à la prochaine fois.

POUVOIRS DE GAARA

SHURIKEN DE SABLE

Distribuez 4 pions de dégâts à un de vos voisins.

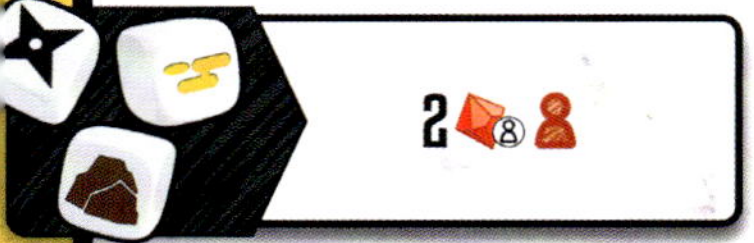

SARCOPHAGE DE SABLE

Distribuez 2 pions de dégâts à un joueur. Prenez-les depuis les pions devant votre plateau ou votre tuile Pouvoir.

BOUCLIER DE SABLE

S'il n'y a pas de pions de dégâts sur cette tuile, placez les prochains pions de dégâts que vous recevez dessus. Quand vous perdez votre Pouvoir, placez les dégâts qui étaient dessus devant vous.

TOMBEAU DU DÉSERT

Répartissez 6 pions de dégâts parmi les autres joueurs.

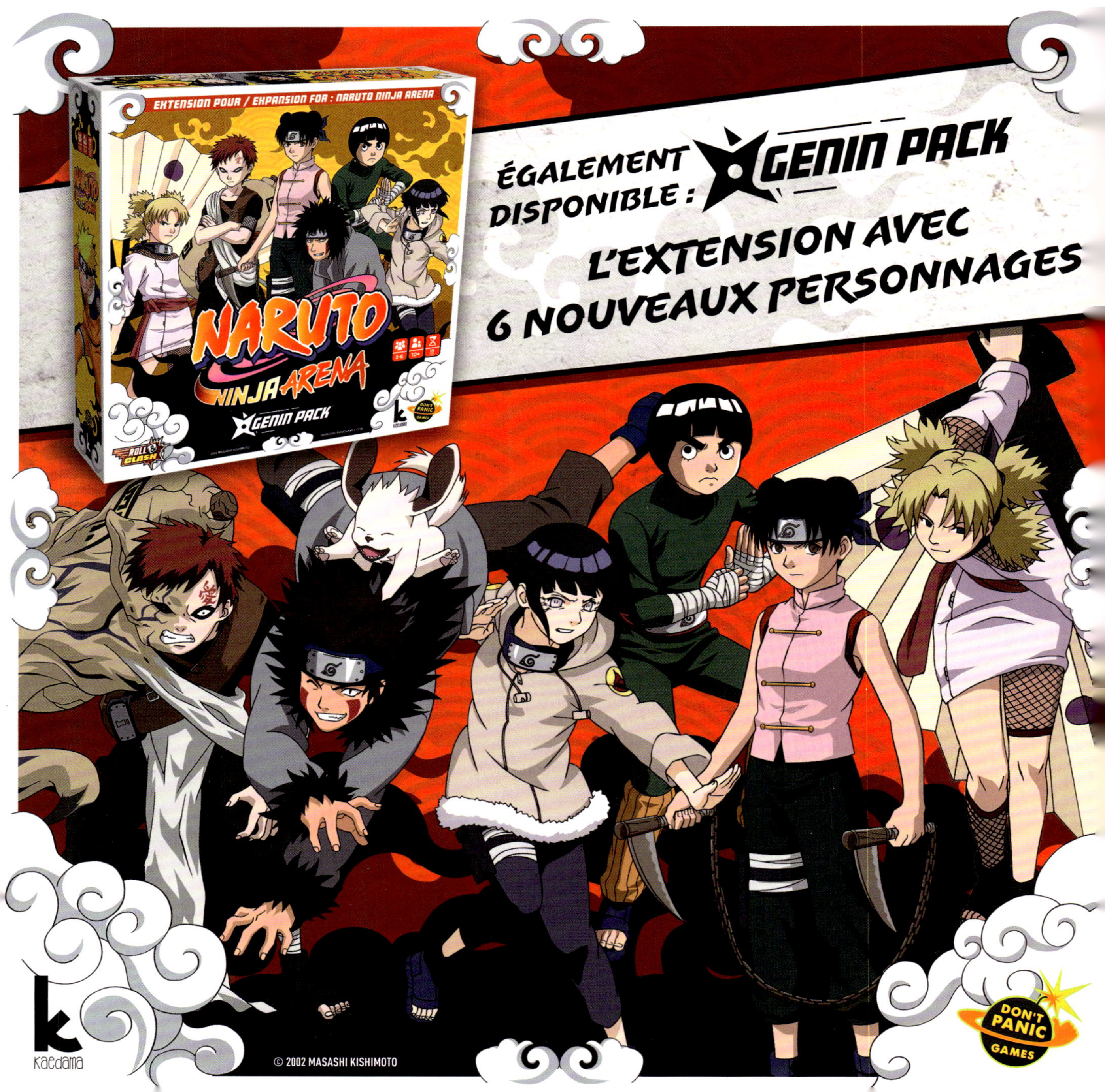

EXTENSION POUR / EXPANSION FOR : NARUTO NINJA ARENA
NARUTO
NINJA ARENA
GENIN PACK
ROLL CLASH
ÉGALEMENT DISPONIBLE :
GENIN PACK
L'EXTENSION AVEC 6 NOUVEAUX PERSONNAGES
© 2002 MASASHI KISHIMOTO
kaedama
DON'T PANIC GAMES

3-6
10+
15
ON LES AVAIT POURTANT PRÉVENUS...
RÉVEILLE PAS CTHULHU!
ELDER SIGN
COUNTERSPELL
HASTUR
DAGON
DON'T SAY WE DIDN'T WARN YOU...
DON'T WAKE UP CTHULHU!
DON'T PANIC GAMES
QUI COMMETTRA L'INDICIBLE ERREUR DANS CE JEU DE CARTES OÙ MAUVAIS COUPS ET TENTACULES FONT BON MÉNAGE ?
CAN YOU AVOID MAKING THE UNSPEAKABLE MISTAKE IN THIS QUICK CARD GAME OF HIDEOUS TENTACLES AND DIRTY TRICKS? WILL YOU WAKE UP GREAT CTHULHU?
www.dontpanicgames.com - Dont Panic Games - @DontPanicGames1

COWBOY BEBOP
SPACE SERENADE!
un DECK-BUILDING mouvementé dans l'univers de la série culte
A JAZZY SPACE OPERA DECKBUILDING game based on the cult series
Taille réelle des figurines : 40 mm.
Miniatures actual size : 40 mm.
1-4
14+
30-60 min.
DON'T PANIC GAMES
www.dontpanicgames.com - Dont Panic Games - @DontPanicGames1
© SUNRISE. This product is licensed by SUNRISE, INC. to Anime Ltd - © DON'T PANIC GAMES 2019

NARUTO
NINJA ARENA
RULEBOOK

NARUTO
NINJA ARENA

THE CHÛNIN EXAMS ARE IN FULL SWING !

This is a great opportunity for Naruto, Sasuke, Sakura and Shikamaru to spar in frenzied bouts and practice mastery of their TECHNIQUES and special POWERS. The young Ninjas will use their skills to the best of their ability and try to bring down their rivals by inflicting DAMAGE that will add up to WOUNDS, KNOCK OUTS or even worse, final elimination.

The last Ninja standing wins !

CREDITS

A game by team **KAEDAMA**
(Antoine Bauza, Corentin Lebrat, Ludovic Maublanc, Théo Rivière)

Edited by **DON'T PANIC GAMES**

President: Cedric Littardi
Publishing Director: Sébastien Rost
Project management: Ghislain Masson
Graphic Design: Vincent Diez
Translation: Nicolas Lion
Proofreading: Sarah Touzeau
Manufacturing management: Nicolas Aubry (SYNERGY GAMES)
38 rue Notre-Dame-de-Nazareth, 75003 Paris, France

www.dontpanicgames.com

ROLL & CLASH SYSTEM

Naruto : Ninja Arena is the first game using the Roll & Clash system. During the game, you throw your dice as quickly as you can and use the results to activate Techniques without stopping the game. Everyone plays at the same time in a frantic battle to be the last Ninja Standing!

COMPONENTS

Along with this rule book, this is what you will find inside the boxes:

CORE GAME:

- 4 double-sided Ninja boards
- 4 double-sided Power tiles (one for each Ninja)
- 1 large Uzumaki tile
- 4 black & white dice + 16 colored dice
- 40 Damage tokens
- 1 Shikamaru's shadow token
- 4 Wound cubes

GENIN PACK:

- 6 double-sided Ninja boards
- 6 double-sided Power tiles (one for each Ninja)
- 1 Temari's fan tile
- 2 black & white dice + 8 colored dice
- 20 Damage tokens
- 2 Wound cubes

SETTING UP THE GAME

Each player takes a Ninja board and the corresponding Power tile and places the Ninja board on the character side (with the name) and the Power tile on its inactive side below it. This is the Ninja you will be playing during the game.

Each player takes a black die and 4 colored dice.

The Uzumaki tile is placed at the center of the play area, within reach of all players.

The Damage tokens are placed in a pile within reach of all players.

The Wound cube is placed on the leftmost colored space at the top of the Ninja tile (near the heart symbol ♥).

GAMEPLAY

In *Naruto : Ninja Arena*, all players play at the same time without waiting for their turn.
Players all take their 5 dice (1 black and 4 colored) and roll them at the same time in order to be the first one to match the faces required by one of their Techniques.

During these rolls, players can throw all or some of their dice again as much as they wish. They can put dice to the side or on their Ninja board to better identify which sides they are missing to activate any given Technique.
When a player is able to activate a Technique thanks to his dice results, he must place the relevant dice on the corresponding Technique and distribute the indicated Damage tokens in front of the board of each targeted player (the other players keep on rolling their own dice at the same time).
Once this is done, he can recover his dice and continue rolling them until he can activate another Technique, and so on until one player is able to activate his Power.

SPECIAL RULE:

The Spiral symbol on the black and white die is a wildcard and can replace any other result on a die.

POWER TILE

Resolving the Power technique (each Ninja's 3rd Technique) works differently than other Techniques.
Once a player can roll all 5 symbols corresponding to his Power tile, he must hit the Uzumaki tile in the center of the playing area.
All other players must then stop what they are doing and hit the Uzumaki tile as well. The game is then paused to resolve the following 3 steps:

1. DAMAGE:

The last player to hit the Uzumaki Tile takes 2 extra Damage tokens.

Example: It doesn't happen very often, but this time Sasuke was too slow and was the last to react... He adds 2 Damage tokens to the 10 he has already received this round.

2. DAMAGE TALLY:

Each player (except the one who has activated his Power tile) takes as many Wounds as required, based on the amount of Damage tokens in front of him. Each time a player takes as much damage as his current wound level, he moves the Wound cube one step forward, then discards ALL of his Damage tokens (unless he is the one who activated his Power tile).

Example: Sasuke now has 13 Damage tokens in front of him and therefore must move his cube to the third Wound on his Ninja board (6+6=12) and then discard all the Damage tokens (even the 13th token which did not cause any Wounds).

3. POWER:

The player who activated his Power flips his Power tile and its effect is now active. All other Power tiles are flipped back to their inactive side.
Once all 3 steps have been resolved, each player recovers his 5 dice into his hand.

The game then resumes as normal: all players simultaneously try to activate their Techniques by rolling and rerolling their dice until one player can activate his Power tile...

If during the Damage Tally step, a player covers up the last Wound space on his Ninja tile, his character is knocked out. He flips over the Ninja board and continues playing to try and recover consciousness.

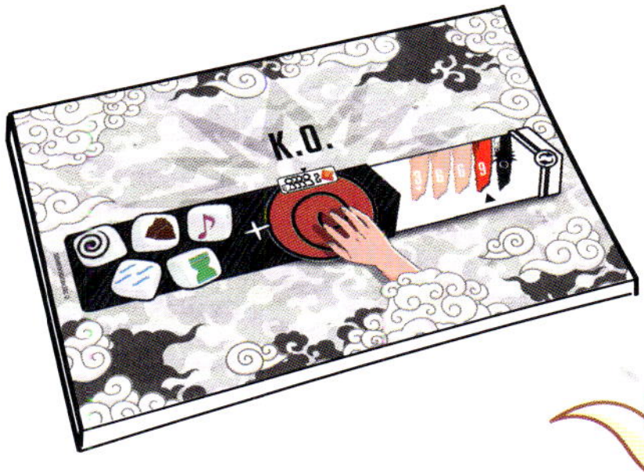

Each Ninja can only recover consciousness once per game. If a Ninja is knocked out again after having recovered, the player is eliminated from the game.

To recover consciousness, the player throws the dice at the same time as the other players to try and obtain the results indicated on the back of his Ninja board. If he succeeds, he must hit the Uzumaki tile in the center of the play area. All players must then stop what they are doing and hit the Uzumaki tile. The game is then paused to resolve the following 2 steps:

1. The last player to hit the Uzumaki tile takes 2 extra Damage tokens.
2. The player who has succeeded in achieving his Recovery combo flips his Ninja tile back to its main side and places the Wound cube on the last Wound.

⚠ WARNING: If a player's Ninja tile is on the KO side, other players cannot give him any Damage tokens. However, if that player is, for any reason, the last one to hit the Uzumaki tile, he is eliminated from the game immediately and permanently.

If at any time a player makes a mistake (such as mistakenly hitting the Uzumaki tile, activating a Technique without the required dice, etc...), he immediately suffers a Wound.

When your power is activated, you can still try to activate it again, and avoid taking Wounds that turn !

END OF THE GAME

The game ends when all players are K.O. or eliminated except one.
The last player standing wins the game!

DUEL RULES

If you want even more amazing two player games, we recommend this game mode!

In Duel mode, each player chooses 2 Ninjas (and take the corresponding Ninja Boards and Power tiles).

Then, place one Ninja board on top of the other but without covering the first technique on the Ninja board which is on the bottom.

Take a Wound cube for each of your Ninja boards and place it on the leftmost space of the board. Then take the Power tile from your top ninja, and put it below your Ninja Board, on the Inactive side.

The rest of the game takes place as in a regular game, but you can use one more technique from your second Ninja as you play.

When a player uses a Power, after resolving the usual 3 steps, his opponent can choose to switch his Ninjas. In that case, he replaces the top board with the bottom one and keeps the first technique visible. He also switches the Power tile.

In this game mode, there is no KO. When one ninja should be KO, his team (in this case, the player) loses the game!

NARUTO'S POWERS

3

SHADOW CLONE JUTSU

Give 3 Damage tokens to a player next to you.

2 / 5

WIND STYLE: RASENGAN

Give 2 Damage tokens to one player, or 5 Damage tokens to a player who has no Damage tokens.

+1

SUMMONING JUTSU: GAMABUNTA

Add 1 Damage token to your attacks. Take it from your own Damage Pool.

SAKURA'S POWERS

1 | -2

SUBSTITUTION JUTSU

Give 1 Damage token to one player AND remove 2 Damage tokens from your Damage Pool.

4

CLONE JUTSU

Give 4 Damage tokens to one player.

10 10 10 10

CHAKRA CONTROL

Your wounds require 10 Damage tokens.

SASUKE'S POWERS

LION'S BARRAGE
Give 2 Damage tokens to one player.

LIGHTNING STYLE: CHIDORI
Divide 6 Damage tokens between the other players AND take 1 Damage token for yourself.

CURSE MARK
Add 2 Damage tokens to your attacks.

SHIKAMARU'S POWERS

SHADOW POSSESSION JUTSU
Give 2 Damage tokens to one player AND place your Shadow token on the Uzumaki tile.

NINJA ART: SHADOW STITCHING
Give 3 Damage tokens to one player, and he must count backwards from 3 before rolling his dice again.

STREAM HIS CHAKRA
Give 3 Damage tokens to one player if you roll at least one in one throw of the dice.

THE SHADOW TOKEN : If this token is placed on the Uzumaki tile, the first player to hit the tile takes 3 Damage tokens. Then the Shadow token returns to Shikamaru. Shikamaru doesn't take any Damage tokens this way.

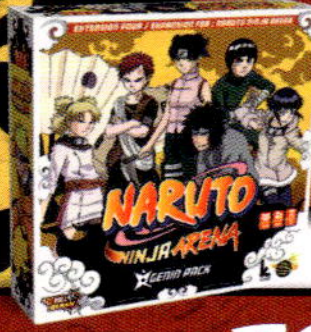

EXPANSION CHARACTERS

ROCK LEE'S POWERS

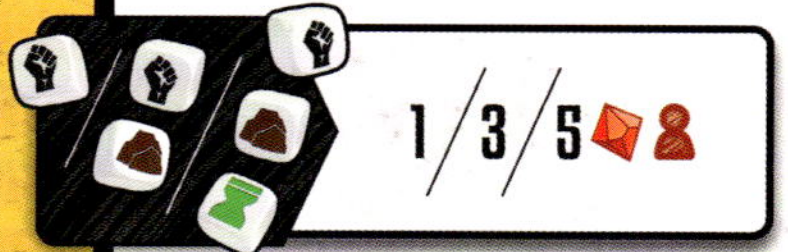

FEROCIOUS FIST

Give 1, 3 or 5 Damage tokens to one player (depending on your dice results).

LEAF HURRICANE

Give 2 Damage tokens to the players on each side of you.

GATE OF OPENING

Put 7 Damage tokens on your Power tile. Add 1 Damage token to your attacks (take it from your Power tile). When you lose your Power, take the remaining Damage tokens for yourself.

TENTEN'S POWERS

TWIN RISING DRAGONS

Divide 3 Damage tokens between the other players.

WEAPON CONTROL : TENSASAI

Give 2 Damage tokens to all players (if a player has actived his Power, add 2 more Damage tokens).

DRAGON BOMB

When you lose your Power, give 4 Damage tokens to the players on each side of you.

HINATA'S POWERS

GENTLE FIST

Give 2 Damage tokens to one player AND remove 1 Damage token from your Damage Pool.

EIGHT TRIGRAMS SIXTY-FOUR PALMS

Divide 5 Damage tokens between the other players (1 minimum per player).

BYAKUGAN

Cancel the next 2 attacks against you.

KIBA'S POWERS

ALL-FOURS JUTSU

Give 2 Damage tokens to a player next to you AND 1 Damage token to one on the other side.

TUNNELING FANG

Give 2 Damage tokens to one player, AND add 2 Damage tokens per Wound you suffered.

AKAMARU

You can ignore one die to complete a Technique.

TEMARI'S POWERS

WIND STYLE: WIND BLADE JUTSU

Give 1 Damage token ♦ to one player AND activate your Fan ability.

WIND STYLE: SEA DRAGON

Give 2 Damage tokens ♦ to the players on each side of you.

→ ?

SUMMONING: BLADE DANCE

You can convert each die into another die of your choice.

THE FAN TILE:

When this ability is activated, place your Fan tile next to your Ninja board and put 3 Damage tokens ♦ on it.

Each time a player gives Temari Damage tokens ♦, she gives one of those 3 Damage tokens ♦ back to the attacker.

When the fan is empty, the Power is deactivated. Remove the Fan tile.

GAARA'S POWERS

SAND SHURIKEN

Give 4 Damage tokens to a player next to you.

SAND PRISON

Give 2 Damage tokens to one player. Take it from your Damage Pool or your Power board.

SAND SHIELD

If there is no Damage token on this tile, place the next Damage tokens your receive on it. When you lose your Power, place the Damage tokens from this tile to your Damage Pool.

SAND BURIAL

Divide 6 Damage tokens between the other players.

EXTENSION POUR / EXPANSION FOR : NARUTO NINJA ARENA
NARUTO
NINJA ARENA
GENIN PACK
ALSO AVAILABLE:
GENIN PACK
EXPANSION WITH 6 NEW CHARACTERS!
kaedama
© 2002 MASASHI KISHIMOTO
DON'T PANIC GAMES